ASSOCIATION LYONNAISE

DES

PROPRIÉTAIRES D'APPAREILS A VAPEUR

Fondée en 1876

Reconnue comme établissement d'utilité publique par décret du 3 Mai 1886

37, cours du Midi. — LYON

DÉCRET DU 9 OCTOBRE 1907

CONCERNANT LES

GÉNÉRATEURS ET RÉCIPIENTS DE VAPEUR PLACÉS A DEMEURE

NOTES ET OBSERVATIONS

Par M. DESJUZEUR

Ingénieur-Directeur de l'Association

LYON

A. REY & Cⁱᵉ, IMPRIMEURS-ÉDITEURS

4, RUE GENTIL, 4

—

1907

ASSOCIATION LYONNAISE

DES

PROPRIÉTAIRES D'APPAREILS A VAPEUR

Fondée en 1876

Reconnue comme établissement d'utilité publique par décret du 3 Mai 1886

37, cours du Midi. — LYON

DÉCRET DU 9 OCTOBRE 1907

CONCERNANT LES

GÉNÉRATEURS ET RÉCIPIENTS DE VAPEUR PLACÉS A DEMEURE

NOTES ET OBSERVATIONS

Par **M. DESJUZEUR**

Ingénieur-Directeur de l'Association

LYON

A. REY & Cⁱᵉ, IMPRIMEURS-ÉDITEURS

4, RUE GENTIL, 4

1907

DÉCRET DU 9 OCTOBRE 1907

CONCERNANT LES

GÉNÉRATEURS ET RÉCIPIENTS DE VAPEUR PLACÉS A DEMEURE

NOTES ET OBSERVATIONS

L'installation et l'emploi des générateurs et récipients de vapeur placés à demeure, c'est-à-dire à l'exclusion des chaudières placées sur des bateaux, étaient réglementés par le décret du 30 avril 1880, les contraventions relatives à la vente et à l'usage de ces appareils étant toujours régies par la loi du 21 juillet 1856, complétée par celle du 18 avril 1900.

Le développement considérable des applications de la vapeur, l'apparition de certains types nouveaux de générateurs, les progrès réalisés dans la construction et l'expérience acquise depuis 1880 avaient nécessité déjà différentes circulaires ministérielles destinées à compléter sur certains points le décret du 30 avril 1880. Il a paru nécessaire d'incorporer dans un nouveau décret toutes les prescriptions que l'expérience de ces dernières années avait fait reconnaître indispensables ou même simplement utiles, soit pour assurer la sécurité, soit pour faciliter certaines installations avantageuses au développement de l'industrie.

Le décret du 9 octobre a été publié dans le *Journal Officiel* du 31 octobre 1907.

Nous devons faire connaître aussi promptement que possible aux membres de notre Association cette nouvelle réglementation qui présente pour eux une importance primordiale. Nos adhérents trouveront dans cette brochure le texte complet du décret du 9 octobre 1907 avec le rapport de M. le Ministre des Travaux publics.

Nous nous bornerons, pour le moment, afin de ne pas retarder cette publication, à attirer l'attention des membres de l'Association sur les différences essentielles entre le nouveau décret et celui de 1880, nous réservant de donner plus tard, s'il y a lieu, des explications complémentaires sur quelques points de détail au sujet desquels un décret ne peut donner que des indications forcément très concises et très générales. Nous tiendrons, du reste, nos adhérents au courant des circulaires ministérielles qui viendront peut-être commenter et expliquer le décret.

Avant de signaler les articles principaux modifiant les prescriptions du décret de 1880, nous croyons utile d'insister sur l'idée caractéristique qui nous semble se dégager d'un grand nombre des articles du nouveau décret, c'est-à-dire sur l'importance attribuée aux *visites complètes* des générateurs de vapeur. Déjà, les circulaires ministérielles des 21 juillet 1880, 23 août 1887 et 3 avril 1900, en précisant le rôle de nos Associations, et accordant certaines immunités à nos adhérents, avaient préconisé les visites faites par des personnes *compétentes* comme le meilleur moyen d'assurer la sécurité, les épreuves à la pression hydraulique ne suffisant pas pour renseigner sur l'état exact d'une chaudière.

Le rapport de M. le Ministre des travaux publics indique très nettement que la cause principale des accidents d'appareils à vapeur réside dans l'insuffisance d'entretien. Faute de visites bien faites, on laisse parfois s'aggraver des défauts qui peuvent devenir dangereux.

Si M. le Ministre peut constater, dans son rapport, que, entre les deux périodes quinquennales 1881-1885 et 1899-1903, le nombre des accidents mortels a diminué de 3,7 à 1,5 par 10.000 appareils à vapeur, il paraît bien que ce résultat soit dû pour la plus grande part à l'influence bienfaisante des Associations dont l'action s'est précisément développée pendant cette période. L'application stricte des règlements n'aurait sûrement pas suffi pour prévenir autant d'accidents sans les visites consciencieuses faites par les agents des Associations.

Le nouveau décret impose donc avec raison des conditions beaucoup plus rigoureuses qu'autrefois (du moins pour les industriels ne faisant pas partie des Associations) en ce qui concerne les visites. Le décret fixe à un an l'intervalle maximum entre deux visites complètes, tant à l'intérieur qu'à l'extérieur. Les résultats de chaque visite doivent être détaillés dans un compte rendu daté et signé par le visiteur.. Ce visiteur doit être compétent, et c'est une compétence toute spéciale qui est nécessaire pour découvrir les défauts dans les chaudières (les circulaires du 21 juillet 1880 et 3 avril 1900 s'occupaient déjà de la valeur des certificats de visite délivrés par d'autres agents que ceux des Associations reconnues et autorisées). Tout ce qui concerne les générateurs de vapeur, épreuves, visites, nettoyages, réparations, doit être consigné dans un registre d'entretien coté et paraphé par le représentant de la police locale. Les rapports de visites aussi bien que ce registre doivent être présentés à toute réquisition du service des Mines. (Voir art. 38 à 41 du décret du 9 octobre 1907.)

Le développement pris par les Associations met à la portée des industriels un moyen de s'acquitter des obligations plus sévères imposées dorénavant, grâce à un personnel d'inspecteurs particulièrement expérimentés.

L'entretien rationnel des chaudières étant ainsi assuré par des visites sérieuses faites annuellement, il devenait possible d'accorder, en échange, certaines tolérances au point de vue des épreuves hydrauliques. Là encore, les renseignements probants fournis par les rapports de visites des agents des Associations permettent à nos adhérents de demander la dispense d'épreuves toujours gênantes ou onéreuses.

La tolérance la plus importante et la plus appréciable pour

les industriels, instituée par le nouveau décret, est indiquée à l'article 3 à propos des épreuves décennales absolument obligatoires autrefois :

« *Art. 3. — Toutefois, il peut être sursis à la rééreuve décennale sur l'autorisation de l'Ingénieur des Mines, lorsqu'une Association de propriétaires d'appareils à vapeur, agréée à cet effet par le Ministre, certifie le bon état de l'appareil dans toutes ses parties.* »

Nous n'avons pas besoin d'insister sur les avantages que nos adhérents peuvent retirer de cette nouvelle tolérance, les autres immunités déjà octroyées aux membres des Associations par la réglementation antérieure étant maintenues, en ce qui concerne notamment la dispense d'épreuve après réparation et la dispense de démolition des maçonneries dans certains cas.

Dans le même ordre d'idées, avec des conditions plus rigoureuses pour l'entretien et les visites, le nouveau décret prévoit une diminution de la surcharge d'épreuve hydraulique lorsqu'il s'agit de chaudières ayant déjà fonctionné un certain temps. L'épreuve hydraulique, avec addition de 6 kilogrammes à la pression du timbre, est, en effet, une cause de fatigue, parfois même d'avaries pour les chaudières un peu anciennes. La nouvelle disposition ayant pour but de modérer la surcharge d'épreuve est donc très prudente.

En revanche, les chaudières de locomobiles qui, précédemment, n'étaient soumises à l'obligation de l'épreuve hydraulique que tous les dix ans, devront dorénavant être éprouvées tous les cinq ans. On comprend facilement cette nouvelle exigence en raison des conditions de service et d'entretien dans lesquelles fonctionnent un grand nombre de ces appareils.

Le nouveau décret précise une expression un peu vague du décret de 1880 relativement à l'obligation de l'épreuve après chômage prolongé. On entendra désormais par chômage prolongé un arrêt de plus d'un an de l'appareil.

Les générateurs de vapeur d'une capacité inférieure à 25 litres ne sont plus soumis à aucune réglementation, de même que les chaudières ou récipients de capacité quelconque où des dispositions matérielles efficaces empêchent la pression de la vapeur de dépasser 300 grammes par centimètre carré. Dans ce cas, les appareils doivent être munis d'une plaque spéciale et restent seulement sous la sanction du droit commun. Cette tolérance est applicable aux chauffages à basse pression qui ont pris beaucoup de développement depuis le décret de 1880.

Un article nouveau (18) concerne les vases clos chauffés à feu nu, appelés très souvent « autoclaves » dans lesquels l'eau est portée à plus de 100 degrés, sans que le chauffage ait pour effet de produire un débit de vapeur. Ces appareils sont considérés comme des chaudières, et doivent être, comme elles, munis de deux soupapes de sûreté (une seule si la capacité ne dépasse pas 100 litres), d'un manomètre avec bride de vérification et de un ou deux appareils indicateurs de niveau d'eau, suivant le mode de fonctionnement.

Enfin, le décret du 9 octobre 1907 spécifie, au titre V des récipients, que les cylindres de machines, avec ou sans enveloppes, les enveloppes de turbines et les tuyauteries, ne sont pas soumis aux épreuves exigées pour les récipients de plus de 100 litres de capacité.

Examinons maintenant les dispositions nouvelles qui se rapportent aux appareils de sûreté des chaudières. Le décret d'octobre 1907 modifie assez notablement à ce sujet les prescriptions antérieures.

Tout d'abord, l'article 7, relatif aux soupapes de sureté, est très important (bien que le décret n'ait pas, sur ce point, d'effet rétroactif). Les soupapes de sûreté ne sont plus considérées comme un simple avertisseur de l'excès de pression, ainsi que l'indiquait la circulaire ministérielle du 21 juillet 1880 commentant le décret du 30 avril, mais bien comme des appareils limitant automatiquement au degré voulu la tension de la vapeur. Il n'est plus question de soulever ou décharger convenablement la soupape pour que, quelle que soit l'activité du feu, la pression dans la chaudière n'excède pas celle du timbre. Il faut que chacune des deux soupapes suffise pour évacuer à elle seule et d'elle-même toute la vapeur produite, dans toutes les circonstances du fonctionnement, sans que la pression effective dépasse de plus de un dixième la limite maximum indiquée par le timbre réglementaire. (Cette dernière prescription existe déjà dans certains règlements étrangers, notamment en Bavière et en Hollande).

En outre, il faut dorénavant prendre des précautions pour que l'échappement de vapeur ou d'eau chaude soit inoffensif, en munissant au besoin les soupapes d'un tuyau de dégagement convenablement disposé .

L'article 8 nouveau impose une soupape de sûreté à tout réchauffeur d'alimentation pouvant être isolé de la chaudière. Ce cas se présente encore assez souvent dans notre région.

La même prescription s'applique aux surchauffeurs de vapeur.

Il n'y a rien de modifié en ce qui concerne le manomètre, le clapet de retenue d'eau d'alimentation, la ligne d'eau réglementaire, les appareils indicateurs de niveau d'eau.

Cependant, on prescrit des précautions contre le danger provenant des éclats de verre en cas de rupture des tubes de niveau. Il faut adopter des dispositifs de protection efficaces contre les éclats de verre, mais ne faisant pas obstacle à la visibilité du niveau.

Nous préconisons depuis longtemps cette précaution, et les manchons en verre armé paraissent bien remplir le but proposé.

L'article 14 nouveau généralise d'une façon à peu près complète l'obligation des clapets d'arrêt de vapeur qui, d'après le décret du 29 juin 1886, n'étaient imposés que pour les groupes de chaudières dépassant un coefficient déterminé.

Dorénavant, sur les groupes de deux ou plusieurs générateurs distincts, il faut un clapet ou soupape de retenue sur toute prise de vapeur correspondant à une conduite de plus de 50 centimètres carrés de section intérieure. Cette section de 50 centimètres carrés étant celle d'un tuyau de 80 millimètres intérieur, l'obligation du clapet d'arrêt de vapeur sera à peu près générale dans la pratique. Ce clapet d'arrêt doit être disposé de façon à se fermer automatiquement dans le cas où le sens normal du courant de vapeur viendrait à se renverser.

Les termes du décret de juin 1886 laissaient quelque incertitude sur la question de savoir si les clapets automatiques d'arrêt de vapeur devaient nécessairement se fermer dans un sens déterminé. La circulaire ministérielle du 11 avril 1891 distinguait entre les chaudières à petits éléments et celles à grand volume d'eau. Pour ces dernières, le clapet fermant automatiquement dans les deux sens est évidemment préférable pour éviter le déversement de la vapeur aussi bien dans le cas où l'une des chaudières explose que dans le cas où la conduite subit une avarie quelconque.

Le nouveau décret semble indiquer nettement que les clapets doivent fermer seulement sur la chaudière elle-même. Nous croyons néanmoins, en insistant sur la nécessité des clapets d'arrêt de vapeur, qu'il est préférable, dans la plupart des cas, d'installer des clapets fermant automatiquement dans les deux sens. Nous ajouterons qu'il est non seulement inutile, mais même nuisible que la fermeture de ces clapets soit hermétique. Il suffit que l'étranglement du courant de vapeur par le clapet rende impossible toute sortie brusque et prolongée. Au contraire, le défaut de fermeture hermétique peut avoir l'avantage, pour les clapets qui se ferment du dedans vers le dehors, de permettre plus rapidement le rétablissement de l'équilibre de pression sur les deux faces, en cas de fermeture intempestive, et pour les mises en marche.

En ce qui concerne les récipients, le titre V du nouveau décret (art. 33 à 37) prescrit des précautions spéciales. L'atténuation de la surcharge d'épreuve n'est pas maintenue pour les récipients qui doivent être éprouvés dans les mêmes conditions que les chaudières. Le nouveau décret s'applique à tous les récipients de plus de 100 litres, tandis que le décret de 1880 était limité aux récipients servant à élaborer des matières ou à emmagasiner de l'eau à haute température et fournir ensuite un dégagement de chaleur ou de vapeur. Nous signalerons également l'obligation de placer sur tout récipient dont le timbre n'est pas au moins égal à celui de la chaudière dont il dépend, une ou deux soupapes de sûreté suivant la capacité, et un manomètre avec bride de vérification. Les récipients à demeure sont classés au point de vue de leur emplacement et des distances à observer pour les maisons habitées ou les bâtiments fréquentés par le public. Ces dernières prescriptions ne s'appliquent pas aux récipients ne renfermant pas normalement d'eau à l'état liquide, et pourvus d'un appareil de purge fonctionnant d'une manière efficace et évacuant l'eau de condensation à mesure qu'elle prend naissance. Tous les cylindres sécheurs devraient être pourvus de ces appareils efficaces de purge continue. Les détendeurs de vapeur ne sauraient, en aucun cas, tenir lieu des soupapes de sûreté réglementaires. Un purgeur automatique ne saurait constituer entre un récipient et l'atmosphère un moyen de communication capable de limiter la pression.

L'article 15 nouveau est la reproduction d'une prescription du décret du 29 juin 1886 relative aux précautions à prendre pour éviter les coups de feu aux tôles des chaudières placées immédiatement à la suite de fours métallurgiques. On doit diriger les flammes tangentiellement aux tôles de la chaudière, ou, quand cela n'est pas possible, protéger ces tôles par une murette en maçonnerie réfractaire. Le décret de 1886 n'avait en vue que les chaudières placées à la suite de fours métallurgiques. Le nouveau décret s'applique à tous les fours, métallurgiques ou autres.

Les articles 16 et 17, qui n'existaient pas dans le décret de

1880, imposent toute une série de dispositifs destinés à assurer autant que possible la sécurité du personnel occupé au chauffage des générateurs de vapeur. Nous appelons tout particulièrement l'attention de nos adhérents sur ces articles, dont beaucoup de prescriptions se trouvent, du reste, dans diverses circulaires ministérielles publiées dans nos comptes rendus annuels. En résumé, il faut que les fourneaux, les boîtes à tubes, les boîtes à fumée, etc..., soient munis de portes solides, autant que possible autoclaves (la fermeture autoclave est exigée pour les chaudières à tubes d'eau) pour éviter la projection de flammes ou de vapeur en cas d'avarie partielle à la chaudière. Il faut aussi que les chambres de chauffe soient disposées de façon que le personnel puisse s'échapper facilement en cas d'accident, et, pour cela, elles doivent avoir des issues commodes dans deux directions différentes. Les portes doivent s'ouvrir dans le sens de la sortie, elles doivent être battantes, sans pène ni loquet, et rien ne doit gêner la sortie du personnel, ni risquer de provoquer des chutes, faux-pas ou retards dans la sortie.

De plus, les chambres de chauffe doivent être bien éclairées, ventilées suffisamment pour que la température n'y soit pas trop élevée.

Les chauffeurs doivent avoir un accès facile aux plateformes des chaudières pour la visite et la manœuvre de tous les appareils placés sur ce massif. Enfin, aucun travail à poste fixe ne doit être autorisé sur les plateformes des chaudières.

Ces nouvelles obligations seront peut-être assez difficiles à remplir, en particulier dans le cas des chaudières enterrées dont l'installation est, du reste, à déconseiller. Nous ne pouvons cependant qu'engager nos adhérents à s'y conformer aussitôt que possible, aussi bien dans l'intérêt d'une bonne conduite des appareils à vapeur, que dans le but de procurer les meilleures conditions de travail et de sécurité au personnel chargé de la conduite des chaudières, personnel soumis à un travail pénible et parfois exposé à de graves dangers.

Enfin, pour tenir compte des progrès réalisés dans la construction des chaudières aquatubulaires à petits éléments et pour diminuer les difficultés d'installation de ces générateurs dans les grandes villes et les agglomérations urbaines, le nouveau décret modifie le mode de classification des chaudières par catégorie. Dorénavant, on ne comptera plus dans le calcul du volume d'une chaudière les éléments constitués par des tubes n'ayant pas plus de 100 millimètres de diamètre intérieur, ainsi que par les pièces de jonction entre ces tubes n'ayant pas plus de 1 décimètre carré de section intérieure.

Le décret de 1880 indiquait que les chaudières de troisième catégorie pouvaient être établies dans un atelier quelconque, même faisant partie d'une maison d'habitation. Le nouveau décret laisse de côté cette catégorie, l'installation d'une chaudière qui ne correspond ni à la première ni à la deuxième catégorie n'étant soumise évidemment à aucune condition limitative d'emplacement.

Les prescriptions du décret du 9 octobre 1907 n'ont aucun effet rétroactif relativement à l'emplacement des chaudières et récipients installés ou mis en service avant la promulgation de ce décret et satisfaisant aux règlements antérieurs. Mais, pour les installations projetées, nous devons signaler quelques modifications au décret de 1880.

Art. 22. — L'expression de « maison d'habitation » des règlements antérieurs est complétée par l'addition du terme de « bâtiment fréquenté par le public » par lequel il faut entendre, croyons-nous, les églises, écoles, cafés, salles de réunion. Les prescriptions relatives à la distance de 10 mètres et au mur de défense, en cas de distance moindre, subsistent. Le même article 22 contient une prescription nouvelle relative aux chaudières de première catégorie qui, d'après le décret de 1880, pouvaient être installées à l'intérieur de tout atelier non surmonté d'étage. Le nouveau décret prescrit que les chaudières de première catégorie doivent, à moins que la nature de l'industrie ne s'y oppose (par exemple chaudières à la suite de fours), être en dehors de tout atelier occupant à poste fixe un personnel autre que celui des chauffeurs, mécaniciens ou aides.

L'article 24 se rapporte aux chaudières de deuxième catégorie. Nous signalerons seulement dans cet article certains adoucissements aux prescriptions antérieures d'emplacement pour cette catégorie, et d'abord la suppression de la clause imposant un intervalle libre de 1 mètre au moins entre le foyer de la chaudière et le mur des maisons voisines. Cette clause constituait une protection contre les risques d'incendie ou contre la propagation de la chaleur à travers les maçonneries. Le nouveau règlement ne vise pas ces dommages de droit commun. De plus, le nouveau décret édicte qu'une chaudière ou un groupe de deuxième catégorie peuvent être installés dans une construction contenant des locaux habités par l'industriel, ses employés, ouvriers et serviteurs, et par leurs familles, à la condition que ces locaux soient séparés des appareils, dans toute la section du bâtiment, par un mur en solide maçonnerie de 45 centimètres au moins d'épaisseur, ou que leur distance horizontale soit de 10 mètres au moins de la chaudière ou du groupe.

En résumé, pour ce qui concerne nos adhérents, le nouveau décret n'apporte de modifications importantes qu'au point de vue des soupapes de sûreté, des clapets d'arrêt de vapeur et de l'installation des réchauffeurs et récipients. Il impose des précautions tout à fait rationnelles pour la sécurité et l'hygiène des chambres de chauffe. En rendant obligatoires les visites annuelles faites par un personnel compétent, le décret admet certains ménagements pour les épreuves officielles, en particulier pour les chaudières ayant déjà fonctionné un certain temps, et des tolérances très notables pour les questions d'emplacement. Toutes les conditions de sécurité anciennement prescrites ou recommandées subsistent, bien entendu, notamment en ce qui concerne l'entretien des tubes de niveau (voir notre brochure à ce sujet), l'interdiction de serrer les joints sur des appareils en pression, la surcharge des soupapes, etc...

Nous ne doutons pas que les membres de notre Association ne se mettent au plus tôt en règle avec les nouvelles prescriptions administratives, et notre personnel d'inspecteurs pourra leur fournir tous les renseignements pour l'application de ces règlements.

MINISTÈRE DES TRAVAUX PUBLICS, DES POSTES ET DES TÉLÉGRAPHES

RAPPORT

AU PRÉSIDENT DE LA RÉPUBLIQUE FRANÇAISE

Paris, le 7 Octobre 1907.

Monsieur le Président,

Les décrets du 30 avril 1880 et du 29 juin 1886, qui régissent depuis plus de vingt-cinq ans l'emploi des générateurs et des récipients de vapeur, ont été inspirés du même esprit qui animait déjà le précédent règlement du 25 janvier 1865 ; on s'est efforcé de concilier, autant que possible, les nécessités de la sécurité publique avec les exigences de l'industrie.

Les efforts de l'administration n'ont pas été vains, car, si l'on compare la statistique des appareils à vapeur en activité et des accidents qui ont affecté ces appareils, respectivement pour les deux périodes quinquennales 1881-85 et 1899-1903, on voit l'effectif des appareils assujettis au règlement s'élever de 96.000 à 140.000 et le nombre de morts, par 10.000 appareils et par an, s'abaisser de 3,7 à 1,5.

Néanmoins, sur certains points, cette réglementation n'est plus aujourd'hui en rapport exact, soit avec les principes techniques susceptibles d'assurer le maximum de sécurité, soit avec le degré de liberté qui peut être donné à l'industrie sans augmentation de risque. Il n'y a rien là qui doive surprendre, si l'on songe aux progrès accomplis, aux transformations subies par les arts mécaniques durant ce quart de siècle. Actuellement il semble possible, sans nuire au développement de l'industrie et en accordant au contraire de notables facilités à certaines installations, de favoriser de plus en plus la décroissance du rapport entre le nombre annuel des morts et la puissance des appareils à vapeur.

La revision tendant à ce but a été étudiée d'abord par une Commission spéciale, dont le premier soin a été de recueillir les observations de tous les ingénieurs des mines chargés de la surveillance des appareils à vapeur, et de s'entourer de renseignements sur les règlements étrangers. Des délibérations de cette Commission est sorti un texte que la Commission Centrale des Machines à vapeur a remanié en le simplifiant. Enfin, le Conseil d'Etat a amendé le projet sur plusieurs points, soit dans un but de précision, soit pour compléter les conditions d'emplacement des chaudières en vue d'assurer plus de sécurité aux travailleurs des ateliers.

La statistique montre que la cause principale des accidents mortels qui surviennent dans l'emploi des appareils à vapeur est le défaut d'entretien. Le règlement s'est donc attaché à rendre plus précises et, dans la mesure nécessaire, plus complètes que par le passé, les obligations de l'exploitant à cet égard. L'article 36 du décret de 1880 dit bien que « ceux qui font usage de générateurs ou de récipients de vapeur veilleront à ce que ces appareils soient entretenus constamment en bon état de service » et que, « à cet effet, ils tiendront la main à ce que des visites complètes, tant à l'intérieur qu'à l'extérieur, soient faites à des intervalles rapprochés pour constater l'état des appareils et assurer l'exécution, en temps utile, des réparations ou remplacements nécessaires ». Mais quels sont ces intervalles, que le décret qualifie de rapprochés ? Quelles traces laissent ces visites ? Comment le service des mines peut-il s'assurer qu'elles ont été faites ? Dans le système nouveau, les cas où l'appareil doit être l'objet d'une visite complète, tant à l'intérieur qu'à l'extérieur, sont soigneusement précisés. Cette visite complète devient le complément indispensable de tout renouvellement de l'épreuve hydraulique. Quelles que soient les circonstances, elle doit avoir lieu au minimum une fois chaque année. Il en restera une trace matérielle, sous la forme d'un compte rendu daté et signé par le visiteur, compte rendu qui sera représenté aux agents du service des mines. De plus, un registre d'entretien sera tenu par l'exploitant, qui devra y noter, à leur date, les visites intérieures et extérieures ainsi que les réparations.

Les industriels n'ont pas tous à leur service, dans leurs établissements, un personnel technique compétent pour procéder à ces indispensables visites ; mais ils peuvent s'adresser à des spécialistes du dehors. L'affiliation à une association de propriétaires d'appareils à vapeur est l'un des moyens qu'il leur est loisible d'employer pour s'assurer, dans des conditions faciles et relativement peu coûteuses, les services de visiteurs exercés.

Les vérifications auxquelles procèdent ces associations étaient déjà mises à profit sous le régime du décret de 1880 pour éviter certains renouvellements d'épreuve, conformément à l'article 3. Le règlement projeté fait un pas de plus dans le même sens. Il pourra dorénavant être sursis à l'épreuve décennale, sur l'autorisation de l'ingénieur des mines, lorsqu'une association agréée certifiera le bon état de l'appareil dans toutes ses parties.

De la statistique des accidents se dégage un enseignement important : c'est que les victimes des accidents de chaudières sont en très grande majorité, non des personnes tuées par les effets mécaniques de la fragmentation de l'appareil, mais des ouvriers brûlés ou asphyxiés par un retour de flamme ou une projection de vapeur d'eau. Ce genre d'accident s'est multiplié à la suite de l'introduction, dans l'usage industriel, des générateurs à tubes d'eau, plus sujets que les grands corps cylindriques aux avaries de détail, par suite de leur principe même et parce que, dans les premiers temps de leur emploi, ni les constructeurs ni les usagers n'en connaissaient parfaitement le fort et le faible. Quoi qu'il en soit de cette dernière circonstance, il est visiblement d'une importance de premier ordre, pour la sécurité d'emploi de toutes les chaudières, et en particulier de celles à tubes d'eau, que les chauffeurs soient le mieux protégés possible contre les dangers de brûlure et d'asphyxie. On peut beaucoup, dans cet ordre d'idées, en disposant d'une manière judicieuse les portes des foyers, les fermetures des boîtes à tubes et des boîtes à fumée, en dotant toute chambre de chauffe d'issues aisément praticables dans deux directions au moins, en assurant l'aération des chaufferies. C'est à quoi le règlement nouveau pourvoit par ses articles 16 et 17.

A la faveur du progrès que ces prescriptions nouvelles, jointes à l'expérience technique maintenant acquise par les constructeurs et par le personnel des usines, réaliseront dans la sécurité d'emploi des générateurs à petits éléments, il devient possible de modifier les règles relatives à l'emplacement des chaudières et des groupes de chaudières au voisinage des habitations ou dans les immeubles à étages. On a, pour ainsi dire, incorporé dans le règlement la jurisprudence administrative relative aux dérogations d'emplacement, en décidant de faire dorénavant abstraction, pour le calcul du produit caractéristique, des éléments de petite section. La rupture d'un de ces éléments ne saurait, en effet, donner lieu à de grands effets dynamiques. Elle pourrait être dangereuse, il est vrai, pour le personnel même de la chaufferie ; mais, à cet égard, on compte sur la protection qui résultera désormais des dispositions prescrites par les articles 16 et 17.

Les locomobiles ont donné lieu, durant ces dernières années, à des accidents dont la fréquence et la gravité étaient hors de proportion avec la puissance totale de cette classe d'appareils. C'est pourquoi, tandis que le règlement nouveau se distingue, ainsi qu'il vient d'être expliqué, par des innovations libérales en ce qui touche les générateurs fixes, les appareils locomobiles sont l'objet de mesures destinées à resserrer à leur égard la surveillance administrative. On a tenu, cependant, à leur conserver d'une manière générale le même système réglementaire qu'aux autres appareils à vapeur, c'est-à-dire à les laisser sous le régime de la simple déclaration ; les mesures spéciales qui les visent, notamment la substitution à l'épreuve décennale d'une épreuve tous les cinq ans et l'obligation d'une vérification complète de l'état de l'appareil lors de tout changement de propriétaire, n'ont rien qui puisse porter atteinte aux intérêts légitimes de l'industrie.

Le décret du 25 janvier 1865 avait laissé les récipients de vapeur hors de toute réglementation. Le décret de 1880 a réglementé certains de ces appareils ; mais il n'a visé que ceux au moyen desquels une matière est élaborée ou bien ceux dans lesquels de l'eau à haute température est emmagasinée pour fournir ensuite un dégagement de chaleur ou de vapeur. Le nouveau règlement substitue une notion plus large et plus simple à des définitions particularistes, ainsi que l'a fait déjà le décret du 1er février 1893, relatif aux appareils à vapeur de la navigation maritime. Il protège, mieux que par le passé, les récipients de vapeur contre les excès de pression et contre l'affaiblissement par usure, causes principales d'explosion pour ces appareils. Enfin, il exclut de l'intérieur des maisons habitées ceux qui ont à la fois un grand volume et une forte pression.

Il existe une catégorie d'appareils à vapeur intermédiaires, pour ainsi dire, entre les générateurs et les récipients : ce sont les marmites de Papin, ou, comme on dit incorrectement, mais usuellement, dans l'industrie, les autoclaves chauffés à feu nu. Ces vases clos, où de la vapeur est engendrée mais séjourne sans écoulement, n'ont pas été implicitement visés par le décret du 30 avril 1880. La circulaire du 21 juillet de la même année prescrit de les assimiler aux générateurs de vapeur, quitte à les dispenser, par voie de dérogation, des appareils de sûreté qui leur sont inutiles. C'est une solution qui donne lieu pour le moins à des formalités inutiles. Le projet fixe, par un article explicite, le régime réglementaire applicable à ces appareils.

Je ne crois pas nécessaire d'insister sur les autres modifications apportées aux dispositions du décret du 30 avril 1880. Elles ont surtout pour but de mettre la réglementation des appareils de sûreté en harmonie avec l'état présent de la science technique et de préciser les dispositions applicables aux réchauffeurs, surchauffeurs, etc. Dans son ensemble, le projet de décret ci-joint me paraît constituer, par rapport à la réglementation antérieure, une mise au point conforme aux progrès de l'art et profitable à la sécurité publique, quoique laissant à l'industrie, la plus grande somme possible de liberté.

Je vous prie d'agréer, Monsieur le Président, les assurances de mon profond respect.

Le Ministre des Travaux publics,
des Postes et des Télégraphes,

Louis BARTHOU.

Le Président de la République française,

Sur le rapport du Ministre des travaux publics, des postes et des télégraphes,

Vu la loi du 21 juillet 1856, concernant les contraventions aux règlements sur les appareils et bateaux à vapeur ;

Vu la loi du 18 avril 1900 concernant les contraventions aux règlements sur les appareils à pression de vapeur ou de gaz et sur les bateaux à bord desquels il en est fait usage ;

Vu le décret du 30 avril 1880 relatif aux chaudières à vapeur autres que celles placées sur les bateaux ;

Vu le décret du 29 juin 1886 portant modification du précédent ;

Vu l'avis de la Commission Centrale des Machines à vapeur ;

Le Conseil d'Etat entendu,

Décrète :

Article premier. — Sont soumis aux formalités et aux mesures prescrites par le présent règlement :

1° Les générateurs de vapeur, autres que ceux qui sont placés à bord des bateaux ;

2° Les récipients définis ci-après (titre V).

Sont exceptés, toutefois, de l'application de ce règlement :

a) Les générateurs dont la capacité est inférieure à 25 litres.

b) Les générateurs de capacité quelconque où des dispositions matérielles efficaces empêchent la pression effective de la vapeur de dépasser 300 grammes par centimètre carré, à la condition que ces générateurs soient munis d'une plaque portant les mots « non soumis au décret du 9 octobre 1907 » et indiquant la pression maximum pour laquelle ces dispositions sont prises ; le constructeur doit adresser à l'ingénieur des mines, au plus tard à la fin du mois, un état des générateurs remplissant les conditions prévues au présent paragraphe, qu'il a livrés avec la désignation des acquéreurs.

TITRE PREMIER
Mesures de sécurité relatives aux chaudières placées à demeure.

Art. 2. — Aucune chaudière neuve ne peut être mise en service qu'après avoir subi l'épreuve réglementaire ci-après définie. Cette épreuve doit être faite chez le constructeur et sur sa demande.

Toutefois, elle pourra être faite sur le lieu d'emploi dans les circonstances et sous les conditions qui seront fixées par le Ministre.

Toute chaudière venant de l'étranger est éprouvée avant sa mise en service, sur le point du territoire français désigné par le destinataire dans sa demande.

Art. 3. — Lorsqu'une chaudière a subi, dans un atelier de construction ou de réparation, des changements ou des réparations notables, l'épreuve doit être renouvelée sur la demande du constructeur ou du réparateur.

Le renouvellement de l'épreuve peut être exigé de celui qui fait usage d'une chaudière :

1° Lorsque la chaudière, ayant déjà servi, est l'objet d'une nouvelle installation ;

2° Lorsqu'elle a subi une réparation notable ;

3° Lorsqu'elle est remise en service après un chômage de plus d'un an.

A cet effet, l'intéressé devra informer l'ingénieur des mines de ces diverses circonstances. En particulier, si l'épreuve exige la démolition du massif du fourneau ou l'enlèvement de l'enveloppe de la chaudière et un chômage plus ou moins prolongé, cette épreuve pourra ne point être exigée, lorsque des renseignements authentiques sur l'époque et les résultats de la dernière visite, intérieure et extérieure, constitueront une présomption suffisante en faveur du bon état de la chaudière. Pourront être notamment considérés comme renseignements probants les certificats délivrés aux membres des associations de propriétaires d'appareils à vapeur par celles de ces associations que le Ministre aura désignées.

Le renouvellement de l'épreuve est exigible également lorsque, à raison des conditions dans lesquelles une chaudière fonctionne, il y a lieu, par l'ingénieur des mines, d'en suspecter la solidité.

Dans tous les cas, lorsque celui qui fait usage d'une chaudière contestera la nécessité d'une nouvelle épreuve, il sera, après une instruction où celui-ci sera entendu, statué par le préfet.

L'intervalle entre deux épreuves consécutives ne doit pas être supérieur à dix années. Avant l'expiration de ce délai, celui qui fait usage d'une chaudière à vapeur doit lui-même demander le renouvellement de l'épreuve.

Toutefois, il peut être sursis à la réépreuve décennale, sur l'autorisation de l'ingénieur des mines, lorsqu'une association de propriétaires d'appareils à vapeur, agréée à cet effet par le Ministre, certifie le bon état de l'appareil dans toutes ses parties.

Art. 4. — L'épreuve consiste à soumettre la chaudière à une pression hydraulique supérieure à la pression effective qui ne doit point être dépassée dans le service. Cette pression d'épreuve sera maintenue pendant le temps nécessaire à l'examen de la chaudière.

Toutes les parties de celle-ci doivent pouvoir être visitées.

Toutefois, pour les réépreuves sur le lieu d'emploi, l'ingénieur en chef aura la faculté d'autoriser des atténuations à cette règle, dans la mesure et sous les conditions précisées par les instructions du Ministre.

Pour les appareils neufs et pour ceux ayant subi des changements notables ou de grandes réparations, la surcharge d'épreuve est égale, en kilogrammes par centimètre carré :

A la pression effective, avec minimum de un demi, si le timbre n'excède pas 6 ;

A 6, si le timbre est supérieur à 6 sans excéder 20 ;

A 7, si le timbre est supérieur à 20 sans excéder 30 ;

A 8, si le timbre est supérieur à 30 sans excéder 40 ;

Au cinquième de la pression effective si le timbre excède 40.

Dans les autres cas, la surcharge d'épreuve est moitié de celle résultant des indications qui précèdent.

L'épreuve est faite sous la direction et en la présence de l'ingénieur ou du contrôleur des mines.

Elle n'est pas exigée pour l'ensemble d'une chaudière dont les diverses parties, éprouvées séparément, ne doivent être réunies que par des tuyaux placés sur tout leur parcours en dehors du foyer et des conduits de flamme et dont les joints peuvent être facilement démontés.

Le chef de l'établissement où se fait l'épreuve fournit la main-d'œuvre et les appareils nécessaires à l'opération.

ART. 5. — Après qu'une chaudière ou partie de chaudière a été éprouvée avec succès, il y est apposé un ou plusieurs timbres indiquant, en kilogrammes par centimètre carré, la pression effective que la vapeur ne doit pas dépasser.

Les timbres sont poinçonnés et reçoivent trois nombres indiquant le jour, le mois et l'année de l'épreuve.

Un de ces timbres est placé de manière à être toujours apparent après la mise en place de la chaudière.

Toute chaudière neuve présentée à l'épreuve doit porter une plaque d'identité indiquant :

1° Le nom du constructeur ;

2° Le lieu, l'année et le numéro d'ordre de fabrication.

ART. 6. — Les réchauffeurs d'eau sous pression, les sécheurs et les surchauffeurs de vapeur sont considérés comme chaudières ou parties de chaudières pour tout ce qui est prescrit par les articles précédents.

ART. 7. — Chaque chaudière est munie de deux soupapes de sûreté, chargées de manière à laisser la vapeur s'écouler dès que sa pression effective atteint la limite maximum indiquée par le timbre réglementaire.

Chacune de ces soupapes doit suffire pour évacuer à elle seule et d'elle-même toute la vapeur produite, dans toutes les circonstances du fonctionnement, sans que la pression effective dépasse de plus de un dixième la limite ci-dessus.

Les mesures nécessaires doivent être prises pour que l'échappement de la vapeur ou de l'eau chaude ne puisse pas occasionner d'accident.

ART. 8. — Quand des réchauffeurs d'eau d'alimentation seront munis d'appareils de fermeture permettant d'intercepter leur communication avec les chaudières, ils porteront une soupape de sûreté réglée eu égard à leur timbre et suffisante pour limiter d'elle-même et en toutes circonstances la pression au taux fixé par l'article 7.

Il en sera de même pour les surchauffeurs de vapeur, à moins que les dispositions prises n'excluent l'éventualité d'une élévation de la pression au-dessus du timbre.

Art. 9. — Toute chaudière est munie d'un manomètre en bon état placé en vue du chauffeur et gradué de manière à indiquer en kilogrammes par centimètre carré la pression effective de la vapeur dans la chaudière.

Une marque très apparente indique sur l'échelle du manomètre la limite que la pression effective ne doit point dépasser.

La chaudière est munie d'un ajutage terminé par une bride de 4 centimètres de diamètre et 5 millimètres d'épaisseur, disposée pour recevoir le manomètre vérificateur.

Art. 10. — Chaque chaudière est munie d'un appareil de retenue, soupape ou clapet, fonctionnant automatiquement et placé au point d'insertion du tuyau d'alimentation qui lui est propre.

Art. 11. — Chaque chaudière est munie d'une soupape ou d'un robinet d'arrêt de vapeur, placé, autant que possible, à l'origine du tuyau de conduite de vapeur, sur la chaudière même.

Art. 12. — Toute paroi en contact par une de ses faces avec la flamme ou les gaz de la combustion doit être baignée par l'eau sur sa face opposée.

Le niveau de l'eau doit être maintenu, dans chaque chaudière, à une hauteur de marche telle qu'il soit en toute circonstance, à 6 centimètres au moins au-dessus du plan pour lequel la condition précédente cesserait d'être remplie. La position limite sera indiquée, d'une manière très apparente, au voisinage du tube de niveau mentionné à l'article suivant.

Les prescriptions énoncées au présent article ne s'appliquent point :

1° Aux sécheurs et surchauffeurs de vapeur à petits éléments distincts de la chaudière ;

2° A des surfaces relativement peu étendues et placées de manière à ne jamais rougir, même lorsque le feu est poussé à son maximum d'activité, telles que les tubes ou parties de cheminée qui traversent le réservoir de vapeur, en envoyant directement à la cheminée principale les produits de la combustion.

Art. 13. — Chaque chaudière est munie de deux appareils indicateurs du niveau de l'eau, indépendants l'un de l'autre et placés en vue de l'ouvrier chargé de l'alimentation.

L'un au moins de ces appareils indicateurs est un tube en verre, disposé de manière à pouvoir être facilement nettoyé et remplacé au besoin.

Des précautions doivent être prises contre le danger provenant des éclats de verre en cas de bris des tubes, au moyen de dispositions qui ne fassent pas obstacle à la visibilité du niveau.

Art. 14. — Sur les groupes générateurs composés de deux ou de plusieurs appareils distincts, toute prise de vapeur correspondant à une conduite de plus de 50 centimètres carrés de section intérieure et par laquelle, en cas d'avarie à l'un des appareils, la vapeur provenant des autres pourrait refluer vers l'appareil avarié, est pourvue d'un clapet ou soupape de retenue, disposé de manière à se fermer automatiquement dans le cas où le sens normal du courant de vapeur viendrait à se renverser.

Art. 15. — Lorsqu'une chaudière est chauffée par les flammes perdues d'un ou plusieurs fours, tout le courant des gaz chauds doit, en arrivant au contact des tôles, être dirigé tangentiellement aux parois de cette chaudière.

A cet effet, si les rampants destinés à amener les flammes ne sont pas construits de façon à assurer ce résultat, les tôles exposées au coup de feu doivent être protégées, en face des débouchés des rampants dans les carneaux, par des murettes en matériaux réfractaires, distantes des tôles d'au moins 5 centimètres et suffisamment étendues dans tous les sens pour que les courants des gaz chauds prennent des directions sensiblement tangentielles aux surfaces des tôles voisines avant de les toucher.

ART. 16. — Sur toute chaudière à vapeur, ainsi que sur tout réchauffeur d'eau, sécheur ou surchauffeur de vapeur, les orifices des foyers, les boîtes à tubes et les boîtes à fumée sont pourvus de fermetures solides, établies de manière à empêcher, en cas d'avarie, les retours de flamme ou les projections d'eau et de vapeur sur les ouvriers.

Dans les chaudières à tubes d'eau et les surchauffeurs, les portes de foyers et les fermetures de cendriers seront disposées de manière à s'opposer automatiquement à la sortie éventuelle d'un flux de vapeur. Des mesures seront prises pour qu'un semblable flux ait toujours un écoulement facile et inoffensif vers le dehors.

ART. 17. — La chambre de chauffe de toute chaudière et de tout surchauffeur à foyer doit être de dimensions suffisantes pour que toutes les opérations de la chauffe et de l'entretien courant s'effectuent sans danger. Elle doit offrir aux chauffeurs des moyens de retraite faciles dans deux directions au moins. Elle doit être bien éclairée.

Les plates-formes des massifs doivent posséder des moyens d'accès aisément praticables. Tout travail à poste fixe est interdit sur ces massifs, sauf pour le service de la chaufferie.

La ventilation des locaux où sont installées les chaudières ou groupes générateurs doit être assurée, et de telle manière que la température n'y soit jamais exagérée.

ART. 18. — Les vases clos chauffés à feu nu dans lesquels l'eau est portée à une température de plus de 100 degrés, sans que le chauffage ait pour effet de produire un débit de vapeur, sont considérés comme chaudières à vapeur pour l'application du présent règlement.

Toutefois, les appareils de sûreté obligatoires sur une chaudière de cette sorte sont seulement les suivants :

1° Deux soupapes de sûreté conformément à l'article 7, dans

le cas où la capacité de la chaudière excède 100 litres ; dans le cas contraire, une seule soupape, remplissant d'ailleurs les conditions stipulées audit article ;

2° Un manomètre et une bride de vérification remplissant les conditions prescrites à l'article 9 ;

3° Deux appareils indicateurs du niveau de l'eau, conformément à l'article 13, à moins que le mode d'emploi ne comporte nécessairement l'ouverture du vase entre les opérations successives auxquelles il sert. Dans ce cas, il peut n'y avoir qu'un seul appareil indicateur du niveau de l'eau et cet appareil peut être réduit à un robinet de jauge, placé de manière à donner de l'eau tant que la condition de l'article 12 est remplie.

TITRE II

Etablissement des chaudières à vapeur placées à demeure.

ART. 19. — Toute chaudière destinée à être employée à demeure ne peut être mise en service qu'après une déclaration adressée par celui qui fait usage du générateur au préfet du département. Cette déclaration est enregistrée à sa date. Il en est donné acte. Elle est communiquée sans délai à l'ingénieur en chef des mines.

ART. 20. — La déclaration fait connaître avec précision :

1° Le nom et le domicile du vendeur de la chaudière ou l'origine de celle-ci ;

2° Le nom et le domicile de celui qui se propose d'en faire usage ;

3° La commune et le lieu où elle est établie ;

4° La forme, la capacité et la surface de chauffe ;

5° Le numéro du timbre réglementaire ;

6° Un numéro distinctif de la chaudière, si l'établissement en possède plusieurs ;

7° Enfin le genre d'industrie et l'usage auquel elle est destinée.

Tout changement dans l'un des éléments déclarés entraîne l'obligation d'une déclaration nouvelle.

ART. 21. — Les chaudières et les groupes générateurs se classent, sous le rapport des conditions d'emplacement, en trois catégories.

Cette classification a pour base le produit V $(t — 100)$, où t représente, en degrés centigrades, la température de vapeur saturée correspondant au timbre de la chaudière, conformément à la table annexée au présent décret, et où V désigne, en mètres cubes, la capacité de la chaudière, y compris ses réchauffeurs d'eau et ses surchauffeurs de vapeur, mais abstraction faite des parties de cette capacité qui seraient constituées par des tubes ne mesurant pas plus de 10 centimètres de diamètre intérieur, ainsi que par les pièces de jonction entre ces tubes n'ayant pas plus de 1 décimètre carré de section intérieure.

Lorsque plusieurs chaudières sont disposées de manière à pouvoir desservir une même conduite de vapeur, on forme la somme des produits ainsi définis, mais en ne comptant qu'une fois les réchauffeurs ou surchauffeurs communs.

Une chaudière ou un groupe générateur est de première catégorie quand le produit caractéristique ainsi obtenu excède 200, de deuxième quand il n'excède pas 200 mais excède 50, de troisième quand il est égal ou inférieur à 50.

ART. 22. — Les chaudières ou les groupes générateurs compris dans la première catégorie doivent être en dehors de toute maison d'habitation et de tout bâtiment fréquenté par le public. Ils doivent également, à moins que la nature de l'industrie ne s'y oppose, être en dehors de tout atelier occupant, à poste fixe, un personnel autre que celui des chauffeurs, des conducteurs de machines et de leurs aides. En aucun cas, les locaux où se trouvent ces appareils ne doivent être surmontés d'étages ; toutefois, on ne considère pas comme un étage, au-dessus de l'emplacement d'une chaudière, une construction dans laquelle ne se fait aucun travail nécessitant la présence d'un personnel à poste fixe.

ART. 23. — Une chaudière ou un groupe générateur de première catégorie doit être au moins à 3 mètres de toute maison d'habitation et de tout bâtiment fréquenté par le public.

Lorsqu'une chaudière ou un groupe de première catégorie est placé à moins de 10 mètres d'une maison d'habitation ou d'un bâtiment fréquenté par le public, il en est séparé par un mur de défense.

Ce mur, en bonne et solide maçonnerie, est construit de manière à défiler la maison ou le bâtiment par rapport à tout point de la chaudière ou de l'une quelconque des chaudières distant de moins de 10 mètres, sans toutefois que sa hauteur dépasse de plus d'un mètre la partie la plus élevée de la chaudière. Son épaisseur est égale au tiers au moins de sa hauteur, sans que cette épaisseur puisse être inférieure à 1 mètre en couronne. Il est séparé du mur de la maison voisine ou du bâtiment assimilé par un intervalle libre de 30 centimètres de largeur au moins.

Les distances de 3 mètres et de 10 mètres, fixées ci-dessus, sont réduites respectivement à 1 m. 50 et à 5 mètres, lorsque la chaudière est installée de façon que la partie supérieure de ladite chaudière se trouve à 1 mètre en contre-bas du sol, du côté de la maison voisine ou du bâtiment assimilé.

ART. 24. — Une chaudière ou un groupe générateur appartenant à la deuxième catégorie doit être en dehors de toute maison habitée et de tout bâtiment fréquenté par le public.

Toutefois, cette chaudière ou ce groupe peut être dans une construction contenant des locaux habités par l'industriel, ses employés, ouvriers et serviteurs et par leurs familles, à la condition que ces locaux soient séparés des appareils, dans toute la section du bâtiment, par un mur en solide maçonnerie de 45 centimètres au moins d'épaisseur, ou que leur distance horizontale soit de 10 mètres au moins de la chaudière ou du groupe.

TITRE III

Chaudières locomobiles.

ART. 25. — Sont considérées comme locomobiles les chaudières à vapeur qui peuvent être transportées facilement d'un lieu dans un autre, n'exigent aucune construction pour fonctionner sur un point donné et ne sont employées que d'une manière temporaire à chaque station.

ART. 26. — Les dispositions du titre Ier sont applicables aux chaudières locomobiles, sauf les modifications suivantes :

1° Le cas d'une nouvelle installation prévu à l'article 3 est remplacé, pour les locomobiles, par le cas d'un changement de propriétaire ;

2° L'intervalle de dix années, mentionné au même article 3, est réduit à cinq ans pour les locomobiles, à moins que ces appareils ne fonctionnent exclusivement dans les limites d'un même établissement ou ne soient affectés à un service public soumis à un contrôle administratif.

ART. 27. — Chaque chaudière porte une plaque sur laquelle sont inscrits, en caractères indélébiles et très apparents, le nom et le domicile du propriétaire et un numéro d'ordre, si ce propriétaire possède plusieurs chaudières locomobiles.

ART. 28. — Toute chaudière locomobile doit être, avant sa mise en service, l'objet d'une déclaration adressée par le propriétaire de l'appareil au préfet du département dans lequel ce propriétaire est domicilié. Les prescriptions des articles 19 et 20 s'appliquent à ce cas, sauf remplacement des indications de l'article 20 numérotées 2, 3 et 6 par celles mentionnées à l'article 27.

L'ouvrier chargé de la conduite devra représenter à toute réquisition le récépissé de cette déclaration.

TITRE IV

Chaudières des machines locomotives.

ART. 29. — Les machines à vapeur locomotives sont celles qui, sur terre, travaillent en même temps qu'elles se déplacent par leur propre force, telles que les machines des chemins de fer et des tramways, les machines routières, les rouleaux compresseurs, etc.

ART. 30. — Les dispositions du titre Ier, modifiées par l'article 26, sont applicables aux chaudières des machines locomotives. Ces machines doivent être pourvues de la plaque prescrite par l'article 27.

ART. 31. — Les dispositions de l'article 28, § 1er, s'appliquent également à ces chaudières.

ART. 32. — La circulation des machines locomotives a lieu dans les conditions déterminées par des règlements spéciaux.

TITRE V

Récipients.

ART. 33. — Sont soumis aux dispositions suivantes les récipients de formes diverses, d'une capacité de plus de 100 litres, qui reçoivent de la vapeur d'eau empruntée à un générateur distinct. Sont exceptés toutefois :

1° Ceux dans lesquels des dispositions matérielles efficaces empêchent la pression effective de cette vapeur de dépasser 300 grammes par centimètre carré ;

2° Les cylindres de machines, avec ou sans enveloppes, les enveloppes de turbines, les tuyauteries.

ART. 34. — Ces récipients sont soumis aux épreuves et assujettis à la déclaration, soit conformément aux articles 2 à 5, et aux articles 19 et 20, s'ils sont installés à demeure, soit conformément aux articles 26 et 28, s'ils sont mobiles. Dans ce dernier cas, l'article 27 leur est applicable.

ART. 35. — Tout récipient, dont le timbre n'est pas au moins égal à celui de la chaudière ou des chaudières dont il dépend, doit être garanti contre les excès de pression par une soupape de sûreté si sa capacité est inférieure à 1 mètre cube, ou par deux soupapes de sûreté si sa capacité atteint ou dépasse 1 mètre cube. Cette soupape ou ces soupapes doivent remplir, par rapport au timbre du récipient, les conditions fixées à l'article 7.

Elles peuvent être placées, soit sur le récipient lui-même, soit sur le tuyau d'arrivée de la vapeur, entre le robinet et le récipient.

ART. 36. — Lorsqu'un récipient ou un groupe de récipients formant un même appareil doit, en vertu de l'article 35, être muni d'une ou de deux soupapes de sûreté, il doit également être muni d'un manomètre et d'un ajutage remplissant les conditions spécifiées à l'article 9.

ART. 37. — Un récipient est considéré comme n'ayant aucun produit caractéristique, s'il ne renferme pas normalement d'eau à l'état liquide et s'il est pourvu d'un appareil de purge fonctionnant d'une manière efficace et évacuant l'eau de condensation à mesure qu'elle prend naissance. S'il n'en est pas ainsi, son produit caractéristique est le produit V $(t-100)$ calculé comme pour une chaudière.

Un récipient, installé à demeure, dont le produit caractéristique excède 200, doit être en dehors de toute maison habitée et de tout bâtiment fréquenté par le public.

TITRE VI

Dispositions générales.

ART. 38. — Le ministre peut, sur le rapport des ingénieurs des mines, l'avis du préfet et celui de la Commission centrale des machines à vapeur, accorder dispense de tout ou partie des prescriptions du présent décret, dans le cas où il serait reconnu que cette dispense ne peut pas avoir d'inconvénient.

ART. 39. — Les chaudières et récipients à vapeur en activité, ainsi que leurs appareils et dispositifs de sûreté, doivent être constamment en bon état d'entretien et de service.

La conduite des chaudières à vapeur ne doit être confiée qu'à des agents sobres et expérimentés.

L'exploitant est tenu d'assurer en temps utile les nettoyages, les réparations et les remplacements nécessaires.

A l'effet de reconnaître l'état de chaque appareil à vapeur et de ses accessoires, il doit faire procéder, par une personne compétente, aussi souvent qu'il est nécessaire et au minimum une fois chaque année, à l'examen défini à l'article 40.

Cet examen doit, notamment, avoir lieu dans chacun des cas mentionnés à l'article 3.

Lorsque l'appareil arrive à l'expiration de la période décennale ou quinquennale visée aux articles 3 et 26, il doit être procédé audit examen, soit préalablement à l'octroi du sursis prévu par ces articles, soit, si l'épreuve a lieu, aussitôt après cette épreuve.

ART. 40. — L'examen consiste dans une visite complète de l'appareil, tant à l'intérieur qu'à l'extérieur.

Le visiteur dresse, de chaque examen, un compte rendu mentionnant les résultats de l'examen et les défauts qui auraient été constatés. Ce compte rendu, daté et signé par le visiteur, doit être représenté par l'exploitant à toute réquisition du service des Mines.

En ce qui concerne les appareils dont le délai de réépreuve périodique est fixé à cinq années par les articles 26, 30 et 34, l'exploitant est tenu d'envoyer en communication à l'ingénieur des Mines chaque compte rendu d'examen dressé conformément aux dispositions qui précèdent.

ART. 41. — L'exploitant doit tenir un registre d'entretien, où sont notés à leur date, pour chaque appareil à vapeur, les épreuves, les examens intérieurs et extérieurs, les nettoyages et les réparations. Ce registre doit être coté et paraphé par un représentant de l'autorité chargée de la police locale. Il est présenté à toute réquisition des fonctionnaires du service des Mines.

Art. 42. — Les appareils mobiles sont assujettis aux mêmes conditions d'emplacement que les appareils fixes, lorsqu'ils restent pendant plus de six mois installés pour fonctionner sur le même emplacement.

Art. 43. — Les conditions fixées par les articles 7 et 12, ainsi que celles relatives à l'emplacement des chaudières et des récipients, ne sont pas applicables aux appareils installés et mis en service avant la promulgation du présent décret et satisfaisant, sur ces points, aux règlements antérieurs.

Art. 44. — Les contraventions au présent règlement sont constatées, poursuivies et réprimées conformément aux lois.

Art. 45. — En cas d'accident ayant occasionné la mort ou des blessures, le chef de l'établissement doit prévenir immédiatement le maire de la commune et l'ingénieur des Mines chargé de la surveillance. L'ingénieur se rend sur les lieux, dans le plus bref délai, pour visiter les appareils, en constater l'état et rechercher les causes de l'accident. Il rédige sur le tout :

1° Un procès-verbal des constatations faites qu'il adresse à l'ingénieur en chef et que celui-ci fait parvenir au procureur de la République avec son avis ;

2° Un rapport qui est adressé au préfet, par l'intermédiaire et avec l'avis de l'ingénieur en chef.

Si l'ingénieur des mines délègue le contrôleur subdivisionnaire des mines pour se rendre sur les lieux, ce dernier établit et signe le procès-verbal et le rapport. Il les adresse à l'ingénieur des mines et celui-ci les transmet avec ses observations à l'ingénieur en chef, qui procède comme il est dit ci-dessus.

En cas d'accident n'ayant occasionné ni mort ni blessure, le chef de l'établissement n'est tenu de prévenir que l'ingénieur des mines. L'enquête est faite sur place par l'ingénieur ou, par délégation de l'ingénieur, par le contrôleur subdivisionnaire. L'ingénieur ou le contrôleur qui a procédé à l'enquête rédige un rapport qui est adressé au préfet comme dans le premier cas.

En cas d'explosion, les constructions ne doivent point être réparées et les fragments de l'appareil rompu ne doivent point être déplacés ou dénaturés avant la constatation de l'état des lieux par l'ingénieur.

ART. 46. — Par exception, le Ministre pourra confier la surveillance des appareils à vapeur aux ingénieurs ordinaires et aux conducteurs des ponts et chaussées, sous les ordres de l'ingénieur en chef des mines de la circonscription.

ART. 47. — Les appareils à vapeur qui dépendent des services spéciaux de l'Etat sont surveillés par les fonctionnaires et agents de ces services.

ART. 48. — Les attributions conférées aux préfets des départements par le présent décret sont exercées par le préfet de police dans toute l'étendue de son ressort.

ART. 49. — Sont rapportés les décrets du 30 avril 1880 et du 29 juin 1886.

ART. 50. — Le Ministre des travaux publics, des postes et des télégraphes est chargé de l'exécution du présent décret, qui sera publié au *Journal Officiel* et inséré au *Bulletin des lois*.

Fait à Rambouillet, le 9 octobre 1907.

A. FALLIÈRES.

Le Ministre des Travaux publics,
des Postes et des Télégraphes.
LOUIS BARTHOU.

TABLE

*donnant la température (en degrés centigrades) de l'eau correspondant
à une pression donnée (en kilogrammes effectifs).*

VALEURS CORRESPONDANTES

de la pression effective EN KILOGRAMMES	de la température EN DEGRÉS CENTIGRADES
0.5	111
1.0	120
1.5	127
2.0	133
2.5	138
3.0	143
3.5	147
4.0	151
4.5	155
5.0	158
5.5	161
6.0	164
6.5	167
7.0	170
7.5	173
8.0	175
8.5	177
9.0	179
9.5	181
10.0	183
10.5	185
11.0	187
11.5	189
12.0	191
12 5	193
13.0	194
13.5	196
14.0	197
14.5	199
15.0	200
15.5	202
16.0	203
16.5	205
17.0	206
17.5	208
18.0	209
18.5	210
19.0	211
19.5	213
20.0	214

Lyon. — Imprimerie A. REY et Cⁱᵉ, 4, rue Gentil. — 47313